Capít

1 **A.** A. R. Ishmael dijo ɑ
servicio que diría alguien
descender en paz y ascender en paz:

Capítulo A Letra B

B El más grande de todos para entrar y traerlo y
llevarlo a las habitaciones del Templo del Cielo para
ponerlo ante el trono de su gloria y saber todo lo que
habrá en el mundo a los que humillan y a quienes
levante Él tiene la Torá para aquellos que dan
sabiduría:

Capítulo A Letra C

C Lo más grande de todo lo que ve cada hecho Los
seres humanos lo conocen y lo reconocen Naf Un
hombre que lo conoce y lo reconoce El asesinato del
alma lo conoce y lo reconoce es sospechoso de lo que
sabe y lo reconoce es el mayor de todos los que
reconoce todo tipo de magia:

Capítulo A Letra D

D. Lo más grande de todo es que todos los que
levantan su mano sobre él y sus golpes lo visten de
lepra y lo adornan con una gran montaña de todos los
que todos los que le dicen calumnias la arrojan y la
arrojan sobre plagas de plantas y magulladuras y
heridas de las que ha salido orina húmeda:

Capítulo A La letra

más grande **de** todas es que todos los que levantan la
mano se distinguen de todos los seres humanos y
atemorizados por todo tipo de seres humanos en todas
sus religiones y honrados en las altas y bajas y todos
los que fallan en él, grandes y malvados fracasos.

cuida de él desde el cielo y de todos los que le envían
una mano de corte:

Capítulo 2: 1
A es el más grande de todos los seres humanos antes
que él como dinero ante un joyero ¿No está mal el
dinero y no es dinero puro y también mira en la
familia

Capítulo 2
: 2: 2: 2: 2: 2: 2: 2: 2: 2: 2: 2: 2: 2: 2: 2: 2: 2: 2: 3: 2:
2: 2: 2 : 2: 2: 2: 1: 2:

Capítulo 2: 3
: 3 : 3 : 3 : 3 : 3 : 3 : 3 : 3 : 3 : 3 : 3 : 3 : 3 : 3 : 3 : 3 : 3
: 3 : 3 : 3 : 3 : 3 : 3 : 3 : 3 ; Su cabeza al atrio
superior y al atrio inferior y a cada ejército de Merom
y a todos sus siervos, cualquiera que esté delante de él,
teme al carro y los abandona:

Capítulo 2: 4
RRD Ismael dijo que si Shunin estaba mirando el
carro por temor al carro, no se le permite estar de pie
excepto porque estos tres versículos de un rey de un
sumo sacerdote y de un Sanedrín mientras hay un
presidente entre ellos, pero si no hay presidente
incluso del Sanedrín no se mantendrá y si su sangre
estuvo en su cabeza porque acorta sus días y acorta
sus años:

Capítulo 2: 5
R. Ismael dijo cuál es la diferencia de servicio que una
persona que es poeta y baja al carro abre el comienzo
de la alabanza y el comienzo de la poesía es el
comienzo de su época y el comienzo de los poetas los
ministros que sirven todos los días Maravilla y

maravilla hará feliz a un rey que te regocijarás en el gozo del novio en la casa de su dosel y te regocijarás y descubrirás toda la simiente de Jacob y cuando llegué a cobijarme bajo sus alas en la alegría de corazón que se regocijó en ti y en tu conversación

Capítulo 3: 1a
Una alabanza y canto de todos los días Meguilá y Rena de alabanza de la lógica que sale de los sirvientes y de la lógica que sube de la boca de los santos son fuego y colinas de llamas que se acumulan y caminos ocultos todos los días como se dijo. :

Capítulo 3: 2:
2 ¿De qué tienes miedo? Un siervo fiel, ¿qué eres? A veces soy arrastrado en mis cabalgatas hasta que estoy en el trono de Su gloria y aquí está la voz que responde y dice (Ezequiel 1: 6) Purifica lo que se dice (Isaías 5: 3) Santo Santo Santo 5 y así sucesivamente:

Capítulo 3:
3 : 3 El rey de Nessin El rey del heroísmo El rey de las maravillas El rey del celibato Como un saco volador, Mads, que creó los membrillos, está bajo el trono del honor y atacaba vigorosamente con el manto y el heroísmo, y ellos tampoco pusieron un pie en la pradera, sino como un pájaro que vuela y párate debajo de él:

Capítulo 3:
4 : 4 Y tres veces al día se inclinará ante ti el trono de tu gloria,

Capítulo 3 El signo del
orgullo es milagroso y un dominio extraño El orgullo del silencio y el dominio de una identidad en la que el

ángel del rostro se comporta todos los días tres veces en un tribunal superior cuando viene y se va en una garantía celestial sobre los querubines y en las cabezas de las bicicletas y en las cabezas de los animales:

Capítulo 4:

1 : 1 Y desde que todo el que está en el cielo, cuando llega a los cielos, y a las cabezas de los querubines, a las cabezas de los carros y a las cabezas de las bestias del campo, desde la boca de los modales y de la boca de los animales sagrados y de la boca de los querubines que abren la boca para decir Santo Santo Santo mientras Israel dice Santo Santo Santo Dios y así sucesivamente:

Capítulo 4: 2 B

En el metraje del heroísmo El metraje del cobarde El metraje del sudor El metraje de la voz

Capítulo 4:

3 y grabado y lleno de todo desde adentro y desde afuera el Señor Dios y los ojos de toda criatura no pueden mirar ni los ojos de carne y hueso ni los ojos de sus siervos y lo mira y lo mira y ve él sosteniendo sujetadores para sus ojos y ojos, y el que sale de la boca del hombre, y el que lo mira, lo calienta y lo quema como un torbellino;

Capítulo 4 Letra 4

D y noche y dulce y hermosa en la apariencia de la belleza Ziv Hadar ojos animales como se dice (ibid.) Santo Santo Santo Señor de los Ejércitos y Di-s:

Capítulo 4:

5 ¿Quién es como nuestro Rey con todo orgullo

percibe quién es nuestro Creador, quién es nuestro Rey, quién es nuestro Elkino y quién anhela coronas?

Capítulo 5:

1 **A.** Una primera voz, todo el que la oye inmediatamente tortura y aplana. Se dice (ibid.) Santo Santo Santo Señor de los Ejércitos y Di-s:

Capítulo 5:

2 ¿Quién es como nuestro rey? ¿Quién es como nuestro rey? ¿Quién es como nuestro creador? El celibato, como se dice (ibid.) Santo, Santo, Santo Señor de los ejércitos, etc.

Capítulo 5: 3

C. R. Ishmael dijo todos estos servicios que R. Akiva escuchó cuando se subió al carro y atrapó y estudió ante el trono de su honor que fueron poetas antes que él y sus sirvientes:

Capítulo 5:

4, R. Ishmael dijo que el jueves, sábado, fue cuando llegó un rumor difícil de Roma que decía que cuatro hombres fueron capturados de los Caballeros de Israel.

Capítulo 5:

5 Y cuando R. Nachoniah ben Hakneh vio este decreto, se puso de pie y lo bajó al carro. El Ministro del Interior me dijo diez.) Según la religión de la ley ante el Santo, Bendito sea Él y Dijo ante él que el Señor del mundo escribió en tu Torá y robó a un hombre y lo vendió a él y a G. y a los hijos de Israel que robaron a su hermano José y supieron lo que les sobrevino inmediatamente permitieron 'Sobre el ejército del Altísimo en el cielo y luego sobre los reyes de la tierra en la tierra (Isaías 25: 6) quien es

sacrificado e impuesto es él y todos los ministros reales en el cielo como cabras y ovejas de Yom Kippur:

Capítulo 6: 1
A. R. R. Ishmael dijo todas estas advertencias y todas estas condiciones porque lo advirtieron y condicionaron en el Samal y él dijo que yo me aceptaba y estos diez caballeros se extinguirán:

Capítulo 6: 2
B. R. Ismael dijo lo que hizo y Dariel H. Elki Yisrael no le impidió escribir al escriba y grandes plagas que se cumplieron sobre el sargento malvado que aceptó todas estas condiciones. Roma y traer un hervor húmedo sobre el hombre y la bestia y la plata y el oro y tres nuevos recipientes de metal y luego subir otra nube y ver a su amiga y permanecer en su lugar durante seis meses En un centavo dirá que no se pide:

Capítulo 6: 3
CR Ismael me dijo Saggasgal Ministro del Interior Mi amigo se sentó en mi regazo y le diré lo que le pasará a Israel Me senté en su regazo y él me miraría y lloraría y las lágrimas caerían de su ojos y caigo en mi rostro le dije Hadar Ziv Marom y le haré saber lo que se esconde en Israel con un santuario perceptible y lo pondré en las habitaciones y en el tesoro y en los tesoros de los cuadernos y abrir y mostrarme algunos problemas escritos formas extrañas el uno del otro El más extraño de los primeros que por la espada y el hambre y el cautiverio le dije Hadar Ziv Israel solo su pecado me dijo todos los días muchos problemas se renuevan en ellos de estos y cuando entras en las sinagogas y quieres que un artista sea celestial grande no los dejamos salir de las habitaciones:

Capítulo 6:

4 Mientras descendía delante de él, oí una voz que hablaba en arameo, y por eso decía desde el santuario de su lado:

Capítulo 6:

5 Debido a que escuché la voz fuerte, tuve miedo y caí y caí detrás de mí hasta que el ministro de Darniel vino y me dio fuerza y alma y me puso de pie y me dijo a un amigo cuánto te costó. Dije Hadar Ziv. No sea que no tengan remedio para Israel, mi amigo vino a mí. La salvación me llevó al tesoro. Tesoros de la salvación de consolación. Vi cultos de los ángeles guardianes sentados y arreglando. Los vestidos de salvación hicieron coronas de vida y pusieron en ellos buenas piedras y perlas y condimentar todo tipo de perfumes y vinos instaladores para los justos y vi una corona extraña, cálida y blanca y doce signos del zodíaco permanentes Le dije a David Rey de Israel Le dije Hadar Ziv Marom Harani el honor de David me dijo que esperaran a mis amigos durante horas hasta que David, rey de Israel, venga aquí y vea en su grandeza:

Capitulo 7 Letra A

A. Atrápame y ponme en su regazo me dijo lo que ves yo le dije veo siete relámpagos que corren iguales me dijo mis ojos conquistados no se escandalizaré para salir hacia David inmediatamente sentí todos los caminos y serafines y animales sagrados y tesoros de nieve y nubes de honor y signos del zodíaco y estrellas y ángeles ministradores y decirle al director de un salmo a David los números del cielo y a Di-s (Salmo 19: 1) y oí el sonido de un ruido que venía del Edén. y dice el reino de Dios al mundo (donde se levantaron) y David rey de Israel en la cabeza y todos los reyes de

David después de él y cada uno coronó El mundo hasta el fin:

Capítulo 7:
2 Cuando David ascendía al templo en el cielo, se le preparó un trono de fuego, que tenía cuarenta pies de alto y el doble de ancho que David llegó y se sentó en el trono que estaba preparado para él contra el trono de Kono. Y dijo servicio y alabanza que ningún hombre ha escuchado jamás y desde que David abrió y dijo el reino de Dios al mundo (ibid.) Abierto de Tetron y todo su séquito es un santo santo el Señor de los ejércitos y bestias alaban y dicen Bendito sea el Señor desde su lugar (Ezequiel 3) y los cielos dicen el rey Al mundo (los Salmos se levantan) y la tierra dice que Di-s es rey Di-s es rey y todos los reyes de la casa de David y Di-s es rey sobre todos los tierra (Zacarías 9: 9):

Capítulo 7:
3 : 3 R. Ismael dijo que cuando vine y anuncié esto desde el trono de honor, todos los miembros se regocijaron e hicieron un día de banquete y regocijo y nada más, pero los presidentes dijeron en su alegría que trajeron ante nosotros canciones de música. y beberemos en ellos desde el futuro de Israel Y la revelación en la alegría del violín y el órgano:

Capítulo 7:
4 : 4 R. Ismael dijo qué hizo un tribunal superior en ese momento ordenó a los ángeles de la destrucción y descendió y nombró a Lupinus emperador y determinado y no nos quedaremos con ningún remanente, refugiado y esposa débil de su la juventud y todas sus madres y concubinas fueron tropin y motlin ante él todos sus hijos y su casa

Capítulo 7:

5 ¿Qué le hicieron al malvado? Y se avergonzaron ante los ministros de los reinos que habían entrado antes que él.

Capítulo 8:

1 **A.** ARR Ishmael Sach Lee Suriya Ministro del Interior Mi amigo te cuenta toda la vergüenza y toda la vergüenza de ese mal por qué sobre el rabino Hanina ben Tardion, quien llegó su día para matarlo, dijo Mary Caesar repite para ti sobre el El mismo sabio que no matará dijo que morirá Su familia y Rumi se unió a él y no repito esto:

Capítulo 8: 2:

2 Rabí Ishmael me dijo: Suria, Ministro del Interior, amigo mío, no te entristezcas en esta medida de que hayas muerto en la casa de tu mundo, que ya está llena, que yo no salgo de la creación. y ser testigo hasta que pruebe el sabor de la luz y las brasas del fuego como querubines y modales y animales sagrados y serafines del mismo mal en el infierno por el rabino Hanina ben Tardion:

Capítulo 8: 3

: 3 : 3 : 3 : 3 : 3 : 3 : 3 : 3 : 3 : 3 : 3 : 3 : 3 : 3 : 3 : 3 ; y yo lo paseaba en la casa de una piara de cerdos y perros y traje al rabino Hanina ben Tardion y lo acompañé a la sala de Lupinus Caesar. Ben Teradion y le cortó la cabeza:

Capítulo 8:

4 R. Hanina ben Teradion ató su corona y rey sobre Rumi como el rostro de Lupinus Caesar durante seis meses y mató a seis mil obispos a mil para renovar y colocó en la forma de R. Hanina ben Teradion

Lupinos Caesar ante Roma en este fuego y medida a los diez sabios de Israel:

Capítulo 5:
5 Porque la proclamación sale del oeste de los cielos declara y dice en un tribunal de pensamiento que los romanos pensaban que una condenación de los Caballeros de Israel por su pérdida y Dariel H. Elki Yisrael estaría de acuerdo y, sin embargo, después de la contemplación que la condenación romana piensa que es como sigue:

Capítulo 9:
1 : 1 Rabí Ishmael me dijo, Suria, el Ministro del Interior, mi amigo, te dice las alabanzas de un rey y su trono. Bajo el ensordecedor y se inclinaba sobre sus cabezas como una fuerza de ataque y heroísmo como algo dijo Santo Santo Santo Señor de los Ejércitos y Di-s:

Capítulo 9: 2
En la gloria de tu majestad levantarás a un rey glorioso sobre un trono sublime, y alzarás a uno terrible y aterrado.

Capítulo 9:
3 ciudades de heroísmo y las palizas de Shejiná y la plaga de la justicia

Capítulo 9: 4
D Adornado con esplendor y coronas de corona Regocijándose arriba en la canción Gila te exaltó a Edo Flame porque en la Shejiná llamó habitaciones habitaciones habitaciones que estacionas maravillosamente tu nombre desde allí sus sirvientes te distinguieron de los ministros de carros

mencionando allí uno de les enciendes la llama giratoria Santo Santo Señor de los Ejércitos y Di-s:

Capítulo 5:

5 Aquellos que anulan un decreto y hacen un juramento de terror. Santo Santo Señor de los Ejércitos y Di-s:

Capítulos

10a Aa Hermoso rostro El rostro generacional de la belleza El rostro de la llama El rostro del Dios de Israel mientras se sienta en el trono de la gloria y se riza en el asiento de la belleza Hadar y luego la belleza del heroísmo No le servirán mañana y los que le sirven mañana no le servirán hoy porque estarán agotados y sus rostros se ennegrecerán con un canal blanco y sus ojos se oscurecerán tras la belleza de la majestad de su rey que se dice que es un santo santo. .

CAPÍTULO J B 2

B Siervos amados y apuestos Siervos ligeros que purifican de pie sobre la piedra del trono de honor y de pie sobre la rueda del carro cuando la piedra del trono de honor rueda hacia atrás sobre ellos La silla de ruedas del carro Y el que la ve dice que es un racimo de la cara de ella es similar a ella Bendito el rey que pidió a sus sirvientes Benditos sean sus sirvientes que este es tu rey Bendito el ojo que se alimenta y mira esta maravillosa luz es una maravillosa y muy extraña vista como se dice

Capítulo 10:

3 C. C. Nahari Sasson Nahari Simcha Nahari Gila Nahari Ahava Deot Nahari Ratzon se desborda y sale ante él del trono de honor y vence y camina en la puerta Netivot Aravut Rakia Kadosh Kadosh et al:

Los capítulos 4 y

4 como el ruido de muchas aguas como el ruido de los ríos Tarsis pies que el viento del sur despierta en ellos como el canto del trono de honor que recuerda y alaba a un rey glorioso Mucho ruido y nadie deja voces en el trono de honor Etc.:

Los capítulos de

los cielos y la tierra y los carros descienden si los querubines dicen que dijo para vergüenza que hago en la oración de la mañana y la oración principal todos los días mientras Israel dice santo, santo, santo Dios y enséñales y diles que tus ojos son el cielo contra tu casa de oración 'Ejércitos y Cuerpos':

Capítulo 11:

1 No tengo placer en el mundo que he creado, excepto cuando tus ojos están puestos en los míos y mis ojos están puestos en tus ojos mientras dices ante el Lugar Santísimo esa voz santa que sale de tu boca ante la fragancia. :

Capítulo 11:

2 y testificales qué testimonio ves de lo que le hago al racimo del rostro de tu padre Jacob que está grabado en un trono de honor porque mientras tú dices ante una santa santa me arrodillo sobre ella y la beso y abrazo y me acurruco y mis manos en mis brazos como dices ante el Lugar Santísimo. Etc.:

Capítulo 11: 3:

3 ¿Quién no glorificará a un rey glorioso? ¿Quién no alabará a un buen rey? Como está dicho: Santo, Santo, Santo, Señor de los ejércitos, etc.

Capítulo 11:

4 En el lugar donde se mencionan, brillando y brillando, brillando y plateando y evocando un zafiro y un zafiro, diamantes, esmeraldas y esmeraldas y mármol puro, Orgullosos, orgullosos, orgullosos, orgullosos, orgullosos, orgullosos, orgullosos, orgullosos. orgulloso, orgulloso , orgulloso, orgulloso, orgulloso, orgulloso, orgulloso, orgulloso, orgulloso, orgulloso, orgulloso, orgulloso, orgulloso, orgulloso, orgulloso, orgulloso, orgulloso.

Capítulo

Doce Letra Aa Desde Su trono de honor y más de ciento ochenta mil cien mil decenas de miles de pies elevados desde el brazo derecho al izquierdo setenta y siete decenas de miles de pies y sus brazos están doblados sobre su hombro como el brazo derecho Horazia su nombre y el izquierdo es el temor de su nombre. ¿Por qué se llama su nombre Dios grande, poderoso y terrible? Hasta las muchachas de Jerusalén:

Capítulo Doce Letra B en

B Porque algunos héroes están ocupando el trono de honor de un rey héroe cargado y parados día y noche tarde y mañana y mediodía con gran ansiedad por el terror y temblando de miedo:

Capítulo Doce Letra C

y que cuánto poder tienes en los sirvientes de Elkino para que le recuerdes que en el mundo no hay pregunta ni número en voz alta en el decreto válido del cielo sobre vosotros descendientes de un carro y si no dices y dices lo que escuchaste y testificas lo que viste en el rostro:

Capítulo Doce Letra D

D. Rostro de Exaltación Rostro de Heroísmo Rostro de Orgullo Rostro de Orgullo que se exalta, sacude con entusiasmo y crece, el rostro se levanta y se levanta tres veces al día en el cielo y ningún ser humano los conoce y reconoce como algo dicho Santo Santo Santo Señor de los Ejércitos y así sucesivamente:

Capítulo trece letra

Aa Cuando el ángel del rostro entra en el rizo y arregla el trono de su gloria y prepara un asiento para el caballero Jacob mil mil coronas ata a la bicicleta de la majestad para todos y cada uno de ellos en su cabeza un mil veces se arrodilla y cae y se postra ante todos y cada uno de ellos dos mil coronas. Miles de veces se arrodilla y cae y se postra ante todos y cada uno de ellos tres veces miles de coronas ata al animal sagrado por todos y cada uno de ellos en su cabeza y tres mil veces se arrodilla y cae y se postra ante todos y cada uno de ellos seis mil coronas se unen a la luz de Venus y ocho mil dos veces se arrodillan y caen y se postran ante cada uno de ellos doce mil coronas se unen a Bezeq él y dieciséis mil miles de miles la mayoría de las armas de las decenas de miles de decenas de miles de coronas doce mil veces se arrodilla y cae y se postra ante todos y cada uno de ellos:

Capítulo XIII se registra

a petición de usted atribuye a los portadores del trono de todo corazón y de buena gana y aumenta Varna descubrió la poesía y el canto ante el trono de Totrosia "i Nbo" b Mrttza "ny Ethan Damari Ndi" b Mtrtza "n el Señor Dios de Israel y abre su corazón durante las Vísperas Nuevas que las pedirá y las encontrará para los descendientes de un carro mientras están de pie ante el trono de su gloria:

Capítulo 13:
3 Todos los días, cuando llega el amanecer, el rey de la generación se sienta y te bendice a los animales vivos.Les digo criaturas que eres un recipiente de codicia que reparé e incluí contigo porque me silenciaron una voz creativa que creé y Escucharé y escucharé la oración de mi hijo:

Capítulo 13:
4 Todos los días, cuando llega la oración principal, el rey de la generación se sienta y se exalta para vivir hasta que nada pueda salir de su boca. Y lo besan y los tumultos de sus rostros son tumultos y el rey de gloria cubre su rostro y había una garantía celestial que brotaba del rey de los cítricos Ziv título de belleza codicia de los deseos resplandece la tiara donde su rostro se muestra como algo dicho santo santo santo señor de los ejércitos:

Capítulo 1
: 1 : 1 : 1 : 1 : 1. Jacob Danza de la Danza Sagrada de Israel Porque sois reyes poderosos:

Capítulo 2:
2 Un rey terrible, un rey asustado, un rey querido y honorable, ¿por qué tienes enemistad con la simiente de Abraham, por qué tienes envidia con la simiente de Isaac?

Capítulo 11:

3 Bendito eres tú que enseñas el derecho de los hijos de alabanza a ti de las cestas de los patriarcas y todo el ejército de gloria y grandeza les hizo Adro Ata Sa'an I KT 11) Ve a los grandes y heroicos Di-s y Di-s y di (Salmos Ked Ked) ¿Qué grandes hazañas Di-s y Di-s le dijeron a esto? Se dice que te jactarás y te levantarás

Capítulo 2: 4,

4, que se llama Tutrussia Tutrussia Tutrush Tutrussia Tutrussia Tutrussig Tutrussik Tutrussif Tutrussitz Tutrussis Tutrussib Tutrussin Tutrussis Tutrussia Tutrussia "K Tutrosat Zortag y el Daryel Ashriliai"

Capítulo 10: 1:

1 El rabino Ishmael dijo que cuando el rabino Najoniah ben HaKne vio la condenación romana, tomó el consejo de los caballeros de Israel para que los perdieran, se puso de pie y reveló el secreto de un mundo de imágenes que es similar a uno que merece mirar. en el rey y el trono en su gloria y belleza y animales sagrados Terrible en la idea que está rodeada alrededor de la silla en Gishrin y las llamas que se elevan y se elevan entre el puente y el puente y en el humo y el olor de este humo que levantaría todos los polvo de sus carbones que cubrió y cubrió todas las habitaciones de la sala de la pradera celestial en su niebla y el ministro del Interior de Surya, Abed Totarchiel

CAPÍTULO

DOS LETRA B B POR QUÉ ES COMO UN HOMBRE QUE TIENE UNA BALANZA EN SU CASA PARA TODOS LOS QUE ESTÁN LIMPIOS Y JÓVENES DE TRABAJO EXTRANJERO Y CUENTA Y SANGRE Y SANTIDAD DE DIOS Y

VALOR DEL PADRE Y ENTRADA DE DIOS Y TODO LO QUE NO HACE

Capítulo 10: 3 C.

C. R. Ishmael me dijo R. Nachonia ben HaKana ben HaGaim Bendita y bendita es su alma que todos los que son limpios y jóvenes de ocho religiones son profanados porque Totarchiel H. y Surya trabajaron en ellos:

Capítulo 10: 4

D desciende y mira con maravilloso orgullo y un extraño reinado de orgullo de sublimidad y un poder de reconocimiento de que son movidos ante el trono de gloria dos veces al día en el cielo desde el día en que el mundo fue creado hasta ahora para alabar que Totrchiel H. se comporta en el cielo:

Capítulo 16: 1:

1 Rabí Ishmael dijo porque escucharon los oídos de esta advertencia, "Yo le dije, 'Rabí, así que no hay un final a la vista. El misterio conquistado delgado y el anhelo del Tratado de que la perfección de la El mundo y su rizo se para y el pincho del cielo y la tierra en el que todas las alas de la tierra y la tierra y las alas celestiales de los cielos están conectadas con tefourin y están conectadas colgando y de pie en él.

Capítulo 16: 2: 2

Rabí Ishmael inmediatamente dijo: Inmediatamente me paré y reuní a todo el Sanedrín grande y pequeño a la tercera gran entrada que está en la casa del Señor y me senté en un banco de mármol puro que me dio Eliseo. el padre de mi objeto de nacimiento, que puso en su dirección:

Capítulo 16: 3:

3 Rabban Shimon ben Gamliel y Rabbi Eliezer el Grande y Rabbi Elazar ben Dema y Rabbi Eliezer ben Shemu y Rabbi Yochanan ben Dahbai y Hananiah ben Hachinai y Yonatan ben Uziel y R. Akiva y Rabbi Yehuda ben Bava vinieron y se sentaron delante de él y había muchos amigos parados en Sus pies porque eran ruinas de fuego y antorchas de luz que se detienen entre ellos y nosotros y R. Nachonia ben Hakna se sienta y arregla frente a ellos todas las palabras de un carro que desciende y sobre él cómo descender quién desciende y cómo ascender quién ascenderá:

Capítulo 16: 4:

4 Y como era un hombre que buscaba bajar al carro, lo llamaba a Siria, el Ministro del Interior, y juraba ciento doce veces en Tutrosia'i H., que se llamaba Tutsar'i, a Tendaal Shukad Hozia Dahiburin y Adiriron H. Elki Israel:

Capítulo 16 La letra e

que no sumará ciento doce veces y no restará de ellas ni sumará o restará su sangre en su cabeza pero de su boca salen nombres y dedos ciento doce inmediatamente contará desciende y gobierna el carruaje:

Capítulo 17: 1:

1 El rabino Ishmael dijo que esto es lo que dijo el rabino Nachonia ben HaKana en los siete pasillos.

Capítulo 17: 2:

2 Estos son los nombres de los guardianes de la entrada del primer templo, Dahbiel y Kashri'al

Gahoriel, y en Zatiel Tophaliel y Dahriel de Tikiel y Shuyal y Eit Damri Shiviel:

Capítulo 17: 3:
3 Estos son los nombres de los guardias de la entrada del segundo templo, Tagriel y Tefiel Sarihiel y Arpiel Shaharriel y Striel Ragaiel y Shibiel:

Capítulo 17: 4:
4 Estos son los nombres de los porteros de la entrada del tercer templo en Buryal y Ratzociel de Shmiel:

Capítulo 17
Estos son los nombres de los guardias de la entrada del cuarto templo, Fahdiel y Gvortiel, como Zoiel y Shechiniel, y Shatkiel y Arabiel, y Kafiel y Anfi'al:

Capítulo 17:
6 Estos son los nombres de los guardias del quinto Fatah, Tahiel, Uziel, Gtiel, Gtiel, Sapriel, Grapiel, Griel, Driel y Paltriel:

Capítulo 17:
7 Estos son los nombres de los guardianes de la entrada del sexto templo, Rumiel y Katzmiel, Gahgiel y Arsversbiel,

Capítulo 17:
8 y en la entrada del Séptimo Templo Zakopin y Omdin todos los héroes son tiranos feroces y terriblemente asustados y caprichosos en lo alto de las montañas y arrojados desde las colinas de sus arcos tensos y con rostros hinchados y en sus manos y turdin relámpago y saliendo

Capítulo 18:

1 **A** : Sus caballos Caballos oscuros Fotografiar caballos Caballos oscuros Caballos de fuego Caballos de sangre Granizo Caballo Caballos de hierro Caballos de niebla Caballos que montan sobre mantis de fuego y llenan carbones con arneses y comen carbones de sus mulas como una lección de cuarenta saa en una sola boca para una lección de boca cada caballo y caballo de Cesarea:

Capítulo 18:

2 y ríos de fuego del lado de sus amos y todos sus caballos bebieron como el paso del acueducto en el río Cedrón que atrae y fortalece todos los días lluviosos de Jerusalén y había una nube sobre sus cabezas que goteaba sangre arriba sus cabezas y sus caballos y esta es la señal y la medida de cada santuario y santuario:

Capítulo 18:

3 y todos los dueños del carro descendieron y no sufrieron daño a pesar de que verían todo este templo y descenderían en paz y vendrían y se quedarían de pie y presenciarían una visión terrible y atemorizada y lo que no hay en cada templo de reyes de carne y hueso. bendecir y alabar y Kelsin y Parin 'Dios de Israel que se regocijó en los descendientes de un carro y se sentaría y esperaría a todos y cada uno de Israel cuando descendiera con maravilloso orgullo y un extraño dominio con el orgullo de la exaltación y un trono de Reconocimiento emocionado ante el trono de gloria tres veces al día en el cielo y el mundo hasta ahora alabado:

Capítulo 18: 4

D Rey Yashar Rey Rey Leal Rey Amado Rey Agradable Rey Somekh Rey Pobre Rey Humilde Rey

Tzaddik Rey Rey Santo Rey Puro Rey Baruch Rey Orgulloso Rey Rey Héroe Rey Misericordia Rey de Reyes:

Capítulo 18: 5 y

el Señor de las Coronas Muhammad y Mitzpe Tutrosai H. Elki Yisrael en una medida que aguarda la redención y un tiempo de salvación reservado para Israel después de la destrucción del último Segundo Templo y cuando el que descienda en el carro Abraham amado:

Capítulo 19: 1 A.

ARR Ismael dijo que cuando vengas y te pares en la entrada del primer templo, toma dos sellos con ambas manos, uno de Tutrosia'i H. y otro de Surya, el Ministro del Interior de Tutrosia'i H. Él a los que están de pie a la izquierda inmediatamente en el Bial HaMal, el ministro que es el jefe del primer salón y está a cargo del primer salón y está de pie a la derecha del dintel y Tophiel el ministro de pie al dintel de la izquierda De pie al dintel izquierdo con él:

Capítulo Diecinueve La letra B y

B les mostró dos sellos, uno de Adriharon H. y uno de Ohaziya. El Ministro del Interior de Adriharon se lo mostró a los que estaban a la derecha y de Ohazia, el Ministro del Interior se lo mostró a los que estaban a la izquierda. Inmediatamente te agarraré uno a tu derecha y otro a tu izquierda Y te entregaré y te completaré y te advertiré al Shabriel, el ministro que es el jefe de la apertura del tercer templo y está a la derecha del dintel, y el ministro que está a la izquierda con él:

Capítulo Diecinueve Letra C

y les mostró dos sellos uno de la 5ta E y el de Dahburon El Ministro del Interior de la 5ta E lo mostró de pie a la derecha y el Dahburon el Ministro del Interior lo mostró de pie a la izquierda inmediatamente agarra uno a tu derecha y otro a tu izquierda Y dos ministros de delante de ti y dos ministros de detrás de ti y te completan hasta que te guían y te advierten a Fahdiel, el ministro que es el jefe de la apertura del cuarto salón y se para a la derecha del dintel y el heroico ministro que está a la izquierda del dintel con él:

Capítulo diecinueve 4:

4 y muéstrales dos sellos uno de Zabodiel el Señor y uno de Margoyuel Tú y yo te informaremos y completaremos y te advertiremos sobre la resurrección del ministro que es el jefe de la apertura del quinto salón y está a la derecha del dintel y Uziel el ministro que está a la izquierda del dintel con él:

Capítulo 19:

5 y les mostró dos sellos, uno del Tuterbial E y otro de Zahpaniriya, el Ministro del Interior de Tuterbiel H. lo mostró a la derecha y del Sofonías el Ministro del Interior se los mostró a los que estaban de pie al a la izquierda. Cantando después de ti, etc.:

Capítulo 19:

6 Porque los guardias del Sexto Templo estaban corrompiendo a los descendientes de un carro y no a los descendientes de un carro sin permiso y fueron excelentes en ellos y los prepararon y los quemaron y pusieron a otros en sus lugares e incluso a otros parados debajo de él. por eso su religión no tiene miedo de decir por qué somos quemados En los

descendientes de un carro y no en los descendientes de un carro sin permiso y, sin embargo, esta es la religión de los guardias de la apertura del Sexto Templo:

Capítulo 20: 1a

ARR Ismael me dijo a cada grupo Ben Gaim que eres un gobernador a la luz de la Torá, como el rabino Nachonia ben Hakneh vio si regresaba y se sentaba con nosotros esperando que él echara un vistazo y nos dijera cuáles son los descendientes del carro y no los descendientes del carro que golpearon a los guardias del Sexto Templo En el descenso de un carro, lo principal es la diferencia entre los dos:

Capítulo 20: 2

B. Rabí Ismael inmediatamente dijo que tomé un paño con una palabra de flor y se lo di a Rabí Akiva y Rabí Akiva deja que nuestro sirviente te diga y pon este paño en una mujer que fue bautizada y no le costó bautismo y bautismo que si la mujer venía y decía religión y menstruación ante un grupo conocido uno prohíbe Matirin le dijo a la misma mujer que la tocara con este paño en la cabeza de una mano con un dedo dolorido y que no pisara la cabeza del dedo sobre ella, excepto cuando un hombre que toma un consejo de los ojos en blanco y cae, la rechaza con una insinuación:

Capítulo 20:

3 : 3 Y ellos fueron y así lo hicieron, y pusieron el paño delante de Rabí Ismael, quien se emocionaba delante del trono de honor tres veces al día en el carro desde la creación del mundo hasta ahora para alabar:

Capítulo 20:

4 y le preguntamos quién es el descendiente de un carro y no el descendiente de un carro. Una persona no

es decente para esto, por lo tanto, los guardias de la apertura del Sexto Templo fueron abusivos.

Capítulo 20:

5 Cuando llegas y te paras en la entrada del Sexto Templo y muestras tres sellos de los guardias del Sexto Templo a Katzpiel Piedad y destrucción en el dintel de la derecha:

Capítulo 20: 6

y uno de Dumiel y que Dumiel es su nombre y no el caballero de Gahidarim. ¿Por qué se llama su nombre Dumiel? Ma'aleh así dicen Ta'um y Bar Menacha Zafuchi Gashash Gash'at H. Elki Yisrael lo llamó Dumiel en mi nombre y lo que veo es ensordecedor entonces Dumiel mi autoridad es un dintel de la derecha y él está con él Ni enemistad ni odio ni celos ni competencia sino esos para mí y esos para mí:

Capítulo 21: 1:

1 **A.** A. Zoharriel y sus verbos Estos dos sellos le mostraron quién es él a Katzafiel y Brunia le mostró al ministro Domiel un ministro justo y pobre A razón de ocho mil decenas de miles de cuernos y tres mil decenas de miles de trompetas y cuatro mil decenas de miles de trompetas y el ministro Dumiel agarra una espina y va delante de ti:

Capítulo 21: 2:

2 y lo que dijo Doren El rabino Ismael lo dijo el rabino Nachonia ben HaKana El rabino Doren que era Dumiel el ministro atrapa ante Korin de la misma persona que gana y baja al carro no Doron de plata o de oro sino que gana a la misma persona y no le preguntaría ni en el templo Primero ni en el segundo salón ni en el tercer salón ni en el cuarto salón ni en el

quinto salón ni en el sexto salón ni en el séptimo salón pero les muestra su sello y lo deja y entra:

Capítulo 21: 3:
3 y en la entrada del Salón Shashi Shishi Dumiel El portero a la derecha de la entrada del Shishi Shishi sentado en un banco de orfanato puro donde Ziv ilumina los cielos como el pacto del mundo de Adstan y Irán de Adstar y como el Señor Dios de Israel y Domiel, el Ministro lo recibe y lo coloca en un banco de pura dulzura y se sienta con él hoy:

Capítulo 21: 4:
4 y él diría dos antes que tú a Moisés en el Sinaí:

Capitulo Veintiuno Letra A
y si decía que tengo estas dos virtudes yo inmediatamente me llamaba Dumiel el ministro lo necesitaba Gabriel el escriba y le escribía el papel en el sikra del carro de esa persona para decir tal y cual las enseñanzas de un cierto y tal y tal sus obras y busca entrar ante el trono de honor:

Capítulo 22:
2 y porque fueron arruinados por la guardia de la entrada del séptimo templo a Dumiel y Gabriel y Katsafiel que vienen ante el carruaje del mismo hombre que gana y se baja del carro de su cara plateada y se sienta que estaban hosco permitiendo los arcos Para mostrarlos con un gran sello y una corona terrible del Señor Sober de Tzugiyah y en el tiempo del Señor Dios de Israel Ve maravillas y heroísmo Orgullo y grandeza y santidad y pureza Horror y humildad y honestidad a la vez tiempo:

Capítulo 22: 3:

3 El rabino Ishmael dijo que todos los miembros de
este metraje son un hombre que tiene una escalera
dentro de su casa que sube y baja y no hay criatura
que borre en su mano.

Capítulo 22: 4 -

4 Rabí Ishmael me dijo, Rabí Shimon ben Gamliel me
dijo por casi un momento que nuestra vid es el
patriarca del Dios de Israel Séptimo Salón:

Capítulo 22: 5 El

rabino Ishmael dijo que fui inmediatamente y me
enojé contra Nahonia ben Hakneh para decirle a un
presidente enojado ¿por qué tengo una vida? Séptimo
Templo:

Capítulo veintiuno Letra A.

A. Se supone que eres el presidente Dime Porush Ven
y ponte de pie cada uno de ustedes cuando su nombre
salga de su boca, arrodíllense y recen frente a ustedes
inmediatamente vinieron todos los héroes de el grupo
y toda la poderosa ieshivá y se pusieron de pie ante el
rabino Nachonia ben Hakneh y los escritores
escribieron y cayeron:

Capítulo 22: 2:

2 Estos son los nombres de los guardianes de la
entrada del séptimo templo: Al Señor canta el Señor y
es honrado, amable, terrible, aterrorizado, precioso,
glorioso, poderoso, poderoso y poderoso sstitiel. todos
los días en el cielo desde el día en que el mundo fue
creado hasta ahora para alabar por lo que el anillo del
sello del cielo y el sello de la tierra está dado en su
mano:

Capítulo

veintitrés : 3 Y como todos los que estaban en el cielo lo arruinaron, se arrodillaron y cayeron sobre sus rostros y se postraron ante lo que no está en el cielo y si dices ante el Ministro del Interior se inclinan, excepto los que están delante del trono. de honor que no se inclinan ante el Ministro del Interior y ante el Ministro. Rabino HaGadol Afimiel Shema en el Santísimo Sacramento del Dios de Israel:

Capítulo 22:

4 Estos son los nombres de la entrada a la séptima sala de la bajada. Llamado a Babafiel H. Yakri'al H. un ministro hermoso y terrible que se llamaba Atrigiel H. Yishishael H. un ministro agradable y terrible que era llamó en Nana H. Trefi'al H. un ministro agradable y terrible que se llamaba Zohalia A H. Anfiel H. Anfiel H. es un ministro respetado, agradable y terrible que se llamaba Shufsiel H. Fuerte, honesto y valiente:

Capítulo

veinticinco y ¿por qué su nombre se llama Anfi'al debido a una corona de coronas que se colocó en la parte superior de un dosel y cubrió todas las habitaciones de la sala de la pradera celestial como el creador del Génesis? ¿Por qué es más caro que todos los guardias de los seis vestíbulos de entrada porque se ha abierto la abertura del séptimo vestíbulo y hay doscientas noventa y seis caras en todos los animales sagrados contra la entrada del séptimo vestíbulo?

Capítulo veintiuno Letra A

A mayor que todos ellos Quinientos doce ojos tienen en cuatro animales contra la entrada del séptimo templo Un rostro de forma humana Un rostro de dieciséis rostros tiene en cada bestia y bestia contra la entrada del séptimo templo:

Capítulo Veintidós Letra B y
como era la misma persona que quería bajarse en el carro, el ministro estaba abriendo las puertas del séptimo templo y la misma persona entró y se paró en el umbral del séptimo templo y los animales sagrados. Llevaba en él quinientos doce ojos y cada ojo de los cristianos y la vista de sus ojos como relámpago correrán excepto los ojos de las coles del heroísmo y el modelado de lo Divino que son como antorchas de luz y llamas de carbones de arneses. :

Capítulo
veintitrés y él era la misma persona que estaba sudando y conmocionada y asustada y asustada y se desmayó y se desmayó y se quedó atrás de él y del fideicomisario Anfiel

Capítulo 24:
4 Rey Abir Rey Adir Rey Adon Rey Baruch Rey Bechor Rey Brock Rey Gran Rey Rey Héroe Rey Orgullo Rey Gran Rey Rey Exige Rey de Generación Rey Rey Hod Rey Rey Rey Rey Veterano Rey Rey Rey Zochar Rey Zohar Rey Chai Rey Nerd Rey Hasid Rey Rey Tov Rey Puro Rey Yashar Rey Querido Rey Salvación Rey Kabir Rey Rey Keter Rey Honor Rey Levik Rey Lakih Rey Rey Caliente Rey de Rey Moro Rey Enriquecido Rey Nea Rey Rey Eterno Rey Secreto Todo Rey Rey Pobre Rey Asistente Rey Rey Humilde Rey Salida Rey Fuda Rey Tzaddik Rey Tzahala Rey Tzach Rey Rey Santo Rey Clos Rey Rey René Rey Misericordioso Rey Rey Suave Rey Oyente Rey Silencioso Rey Rey Shannan Describe Rey Tam King apoya Bendito es él:

Capítulo

veintiocho y le dan poder inmediatamente para soplar un cuerno sobre él hacia el cielo que está sobre sus cabezas y G. (Ezequiel 1: 6)

Capítulo así que la letra a

A. Porque se para ante el trono de su gloria, abre y dice poesía que el trono de honor es un poeta todos los días y alaban y cantan y alaban y alaban y alaban y agradecen y dan gracias por la eternidad. Y paz, complacencia y bondad y afecto y compasión Gracia, bondad y belleza Grado de codicia Cítricos Compasión Ziv Zohar Derecho de brillar Apariencia Decoración Venus Rama de luz rama Maravillas y salvación Farmacéutico astuto Luz poderosa Tiranía Poder alto y querido Gobierno fuerte y valiente y deseable Exaltación y fuerza Honor y gloria a Harariel H.Elki Yisrael un rey glorioso adornado con bordados Una canción adornada con la gloria de los gloriosos en honor y gloria Que en la rama el cielo se cubrió de pavo (Habacuc 3: 3) y Su gloria apareció desde lo alto de su boca.

Capítulo 2: 2

En ellos un rey amado y amable y limpio y orgulloso y orgulloso de todas las criaturas Gloria a los reyes y gloria a los jóvenes humildes a la noche pobre en boca de todos sus lectores dulce al perdón de su buen nombre en todos sus caminos rectos en todas sus obras en todo un caballero en sabiduría y en todo grifo poderoso en santidad y pureza:

Capítulo 21:

3 Rey de verdad y único Rey puro en sus hechos y economía de sus criaturas Rey vivo y existente Rey de muerte y vida Rey crea cada bendición y prepara a

todo buen Rey Bendito Rey solo y honorable y poderoso y viejo ayudante Y corregido en pilares de gloria en las cámaras del templo mirando los secretos y viendo en las profundidades y mirando en la oscuridad y en todas partes él está allí y no responde a su palabra y su deseo de no remover y no hay lugar para huir de él y no esconderse de él:

Capítulo

26: 4 Reinarás por los siglos de los siglos, un rey misericordioso y bondadoso, un hombre que perdona y perdona, que rodará y pasará Tutrousi'i H. Elki Yisrael tiene heroísmo hacia ti Tutrosi'i H. Elki Yisrael alabará trono de tu honor para ti Te darán orgullo y grandeza y gloria Que te alaben, que te glorifiquen, que te santifiquen, oh Dios de Israel. Y el Señor de señores esconde amo y amo.

Capítulo 26: 1

A y ve como una especie de electricidad (Ezequiel 1:27) Baja en el carro como se le dice en la conferencia e inmediatamente entra desde Tylin sobre él miles de sectores de hierro:

Capítulo 26:

2 Porque los guardias de la entrada del Sexto Templo actuarían como si le estuvieran echando mil mil olas de agua sobre él y no hay ni una sola tapa. Hasta que se le echen mil piezas de hierro:

Capítulo veintitrés

Estás reclutando héroes Héroe nuevas criaturas Todos los días sus sirvientes del fuego ágil y de advertencia dentro de decenas de miles abandona el odio y la envidia Enemigo y la competencia Lejos de la ira de las peleas Espuma pendenciera todos vivos y buenos

Coles de tu honor Canta solo al jinete bajo fianza Bendición y alabanza de Klos y canción de gracias y acción de gracias Gloria Susurró humildad y bondad a un valiente a los poderosos

Capítulo 26: 4
Tú eres el gran Señor, el valiente y el terrible, el bendito, el grande, el grande, el valiente, el viejo, el justo, el puro, el justo, el valiente, el valiente, el valiente, el , el, el ,,,,,,,,,,,,,,, Mi gran esposo, eres un héroe, eres un héroe, eres un héroe.:

Capítulo 27: 1 A.
A. Tú eres quien reveló tu secreto a Moisés y no lo cubriste con todo tu heroísmo mientras el discurso salía de tu boca. Todo orgulloso y orgulloso de todo humilla al orgulloso y enaltece a los humildes Bienaventurado es :

Capítulo 27 Carta 2:
2 Orgullosos de la humanidad Figura humana en tu trono Pones un rostro humano para ellos y una mano humana debajo de sus alas (Ezequiel 8: 8) Corre como un hombre y trabaja como un hombre, arrodíllate e inclínate en una canción y tu el terror reina sobre ellos:

Capítulo 27: 3
: 3 : 3 : 3 : 3 : 3 : 3 : 3: 3 : 3 : 3 : 3 : 3 : 3 : 3 : 3 : 3 : 3 : 3 : 3 : 3;

Capítulo 27 Letra D
D. Orgulloso de los animales arios La figura aria en tu trono

Capítulo veinticinco

Águilas orgullosas Figura águila en tu silla Les pones la cara de un águila limpia como un águila y una mosca como un águila un milagro como un águila y tu terror es puro sobre ellos y todos ustedes tiemblan su santidad en una triple santidad como se dice

Capítulo 8

: 1 Una gloria y una fe a la vida de los mundos Comprensión y bendición a la vida de los mundos Grandeza y heroísmo a la vida de los mundos Conocimiento y habla a la vida de los mundos Gloria y gloria a la vida de los mundos Y Lvov a la vida de los mundos Reino y gobierno a la vida de los mundos Noble y eterno a la vida de los mundos Secreto e intelecto a la vida de los mundos Fuerte y humilde a la vida de los mundos Gloria y maravilla a las vidas de los mundos

Capítulo 2:

2 ¿Quién puede decir uno entre mil miles y decenas de miles de héroes? Oz, envuelto en majestad, no te dará una lanza, porque eres un rey y un santo que puede conocer tus hechos y explorar tu heroísmo. A su nombre como Yo'el su nombre Yehoi'el Uzhi'a Uzia'el Segensgal Sagdial'l su nombre Segensiire'a Segensgal su nombre y por amor Segensoil'a quien los amaría en el cielo los llamaría en campamentos sagrados desde Tatron Abed Hashem Nariz y bondad de crecimiento Bendito es el sabio de los delgados y el señor de los señores y el maestro oculto Artista Salah Salah:

Capítulo 28: 3

R. R. Ishmael dijo que esto es lo que R. Akiva dijo porque R. Eliezer el Grande desde el día en que entregó la Torá hasta que se construyó la última casa, la Torá le dio preciosa gloria a Su grandeza y honor y gloria Su temor en el que moraba:

Capítulo 29:
1 : 1 Israel estaba a punto de derramar su ira delante de su Padre que está en los cielos, para decir: 'Muchas tribulaciones han caído sobre nosotros'.

Capítulo 29:
2 Porque tuviste una gran holgazanería debido a las olas y me hubiera gustado escuchar las palabras de la Torá de tus bocas porque no hiciste bien que tomaste mi honor y estaba enojado contigo y me paré y Lo hice en mi ciudad y mi casa y mis novias y no lo hice bien Me opuse a ti Al mundo y a los mundos de los mundos y tendré una competencia de metraje que no tienen una duración o dos o diez o treinta si en heroísmo hasta cien y fui a eso, pero me probaste que lo hiciste bien Acepté mi reprimenda:

Capítulo 29, letra C,
C, porque el sauce de mí suspira de Israel y lo cubre de lujuria.Los que me leyeron y no respondieron dijeron ante mis deseos:

Capítulo 29:
4 : 4 Mis casas preciadas y mis tesoros, y nada falta en ellos.

Capítulo 29:
5 Sé lo que estás pidiendo y mi corazón sabe lo que estás buscando.

CAPÍTULO L A:
A Sentarme a las ieshivot a mis puertas para interpretar de ellas está prohibido y permitido

contaminar lo inmundo que hay en ellas y purificar lo puro en ellas para entrenar al kosher en ellas y descalificarles el mal para reconocer en ellas la vida para ordenar Tu nombre en cada cúpula y tu recuerdo en los volúmenes del mar para iluminar tu rostro como el amanecer del día y entre tus ojos como la estrella de Venus y si consigues este sello usar la corona con la tierra no estará en ti y el necio y el necio no hallarán en ti:

Capítulo L 2:
2 Eres feliz y sirviente de los nervios.

Capítulo L 3:
3 La riqueza y la riqueza prevalecen sobre ti Grandes hombres del mundo se aferrarán a ti, una familia de la que eres portador y patrocinio de todos lados. Bendito en ti Bendito el que es alabado en ti.

Capítulo 4:
4 Por ustedes Los presidentes son escuchados por ustedes Padres de la corte Cabezas de olas erguidas Usted establece jueces de ciudades de su autoridad Regulaciones El mundo de ustedes saldrá y nadie disputará mucha guerra

CAPÍTULO
DOCE ESTA DRAZE No salgas de tu tesoro y escondas un montón de tus tesoros en nombre de su preservación. La mendicidad con un deseo sincero estará en nuestras manos lo que hemos leído y mantendrá en nuestras manos lo que ambos percibiremos. todo lo que nuestros oídos escucharán fortalecerá nuestros corazones Netivot Talmud escuchó del rabino, pero si este grifo salió antes que usted

Capítulo No Carta I
a mi siervo a mis siervos No se molesten antes de que esta cosa Raz salga de Beit Genzi y esconda un montón de tesoros para un pueblo amado Yo los revelo Para preservarlo hasta el final de todas las generaciones porque salió pasto para el mal y yo no sabía (Jeremías 9: 2) que cayeron de la blancura de las olas y eran duras palabras de la Torá como el cobre y el hierro que debían usar para traer la Torá como agua entre ustedes y como aceite en sus huesos en la Tierra de Forasteros (Isaías 5):

Capítulo No letra B
¿En qué país estamos, en qué nos sentimos cómodos o qué buen metraje en Beit Genzi y nos sentiremos cómodos porque miré y vi plata y oro conmigo plata y oro en el mundo gemas y perlas pueblos piedras y perlas en el mundo pero lo que le falta al mundo es este secreto

Capítulo No Letra C
C dijo R. Akiva Escuché una voz que salía de debajo del trono de honor diciendo y ¿qué diría? Tomé sus posesiones, su mando es Hanoch ben Yared cuyo nombre es Matatron y lo tomé de los seres humanos y lo hice. él una silla contra mi silla y cuánto de esa silla mil mil decenas de miles de cascos de fuego Y le di setenta ángeles contra setenta naciones y ordené en su mano cada séquito de arriba y cada séquito de abajo y dispuse para él todos los órdenes del Génesis y lo nombró el señorito nombrado en Gematria setenta y uno y le dio sabiduría y entendimiento más que todos los ángeles y lo hizo más grande que todos los ángeles de la guarda:

Capítulo No Letra D

DRR Akiva dijo que todos los días un ángel se para en el medio del cielo y se abre y dice Dios el Rey y todos los ejércitos de lo alto están interesados en él hasta que alcanza su bendición porque viene a bendecir a un animal que se llama Israel y grabado en su frente conmigo Bendito es el Señor y todos los ministros de la ascensión están interesados en ella. Oye, Israel, el Señor nuestro Dios, un solo Dios (Deuteronomio 6: 4):

Capítulo No. 5:

5 RR Ismael dijo que esto es lo que R. Akiva dijo porque R. Eliezer el Grande no aceptó a nuestros antepasados como piedra sobre piedra en el templo hasta que forzaron al rey del mundo y a todos sus sirvientes y los necesitaron. y les reveló un secreto de la Torá cómo hacerlo y cómo usarlo. El santuario del gran vestíbulo que está en la casa de Dios que no descendió y no sirvió a la Shejiná en el santuario de los santuarios debido a el decreto y porque vieron el trono de honor que estaba enroscado y estaba entre el salón y el altar a pesar de que se construyó una puerta:

CAPÍTULO NIVEL Una letra A

no construida, sino una forma de piedra que está a punto de perfeccionar el salón y el altar y toda la casa y desde que nuestros antepasados vieron el trono de honor que se curvaba de él y se encuentra entre el salón y el altar y el rey de el mundo inmediatamente cayó sobre sus rostros y en ese momento dijo (Hageo 2: 9) Honra esta casa desde el principio desde el principio:

Nota del capítulo 2:

2 No me necesitaba a mí y a mi hijo con esta voz y a todos mis sirvientes y mi trono y le deseo a mi hijo,

¿por qué te caes de bruces, te paras y te sientas frente a mi trono en el asiento donde te sientas? corazón:

CAPÍTULO
NIVEL 3: 3 Sed celosos de vuestro corazón en la Torá.

Capítulo
4: 4 Y Zorobabel le dijo: Te ruego que vengas a mí, oh Dios, crea mundos y nubes desde las puertas del cielo, y dime: Tú eres Zorobabel,

Capítulo
5: 5: 5 Y me dijo: ¿Quién eres, señor mío? Y este es Manahem hijo de Amiel, y este es el que nació en la casa de Nabucodonosor, y él llevará el espíritu, y ponlo en Nanuah, la ciudad de sangre es romana hasta el final:

Capítulo 3:
1a y preguntaré qué señales hará Menachem Ben Amiel y me contará de Tetron y Michael un año antes y diré cosas sobre él que el oído no puede oír:

Capítulo 3: 2:
2 En ese momento dijo que el Bienaventurado todavía no es un siervo que pide más inmediatamente, Bienaventurado el que esconde su rostro de él:

Capítulo 3
: 3, 3 : 3 Una vez más, el Santo, Bendito sea, da una apertura a Israel sobre todo y se dice unos a otros: "Sabrán que el mismo hombre se perdió y que pastaría en Israel".

Capítulo 3:

4 : 4 En el primer año que estuvo vestido, todas las ciudades de Israel le fueron proclamadas, y los héroes de la Torá y los héroes del sustento se reunieron sobre él y conspiraron contra él. unos se despertarán y habrá cuando el mundo se diga el uno al otro no sea que pase nuestra opinión y vacío sale una voz y dice no mires y gracias a él te levantas:

Capítulo 3: 5 Y

en esos años Naspin, los héroes de la Torá en la ciudad, y la gente de fe y Poskin de las ciudades de sabiduría y holgazanes están inactivos Y cae en la tumba en su vida debido a los decretos decretados sobre ellos y muchos mueren sin sus años de servidumbre:

Capítulo 14:

1 : 1 : 1 El primer decreto es el desarraigo de las montañas. Que un rey rojo será condenado en el último extremo de cúpula en cúpula y debes enseñar cuál es su doble corte si en los héroes de la Torá en once Todo el que da diez denarios de plata pide diez denarios de oro y todo el que no tiene cortador de carne diez denarios de carne y guzarín que no llora a sus hijos y no guarda la gavilla. Y el secretario menciona el nombre del Bendito, le corta la cabeza. :

Capítulo 4: 2

En el tercer decreto o en la dirección de Ispod que no tienen que hacer la guerra pero por su apariencia todos mueren siete ojos tienen dos como cada hombre y uno en su cabeza y uno en su cabeza y uno entre sus hombros y dijo uno en su corazón y otro en su ombligo (Zacarías 3: 9). Una piedra siete ojos al mismo tiempo gritan Israel y dicen con una sola voz

Bienaventurado el que no fue creado Bienaventuradas las primeras generaciones que no vieron tales y Entonces, ¿por qué los héroes de la Torá que no creyeron comenzaron y no se acordaron de Dios?

Capítulo 14:

3 : 3 El primer decreto de todos los decretos es el reino de Gog y Magog que toda la Torá y Matzá no piden excepto al mismo tiempo que todos y cada uno de Israel es gobernado en él por quinientos dieciocho mil años se dice (Salmos 2: 2)

Capítulo 4

: 4, 4 : 4 E incluso el Santo, Bendito sea, no está en su lugar en ese momento, rodeando al mundo de sus cuatro espíritus y todos y cada uno de Israel no tiene que huir.

Capítulo 4: 5: 5 Y

el Santo está de pie, Bendito el que trae al Mesías. En todas estas mujeres soldados en ese momento él trae mujeres soldados de Israel y viene a Babilonia y pide misericordia y todo Israel alimenta a los amigos que regresan. de él y decir oh, estaremos vestidos durante ocho años en la casa del prohibido, dice mensajero yo y ahora, cuando lo sacan de la casa, el prohibido se para y pide misericordia) Yo sabía que el Señor había salvado a su Mesías y todo cae bajo él que se dice (ibid. IX) lo que se arrodillaron y cayeron:

Capítulo 5:

1 y luego el Santo Bendito es el que se sienta en su regazo y lo abraza y lo besa y sostiene a Ziv de kipá a kipá y los héroes de la Torá, todo Israel se dicen entre sí) Sus caminos vi y Arpah y llama un año de deseo

para Dios y por Zacarías se dice (Zacarías 1: 1) Aquí
hay un día que viene a Dios:

Capítulo L 2:
2 Otro día, aquí viene un día en contra de los que
dijeron que no dijeron, sino en la misma semana en
que entró el Mesías que fue sepultado y vino todas
esas generaciones y se durmió sobre ellos y el Mesías
se quedó atascado de ellos. y cuando el Santo Bendito
sea el que lo quiera Gala y reúna a hombres y mujeres
y niños y pida mucha misericordia que fue dicho
(Isaías Ned 7) en un breve momento te fuiste:

Capítulo
L 3 : 3 y regresa en arrepentimiento al mismo tiempo
que Shabat viene de Israel y reúne a todas las naciones
del mundo y busca arrepentirse cuando ve a Israel que
van a sinagogas y seminarios y piden misericordia en
voz alta y resentidos como los que no ven ni oyen
verán gentiles y secos (Miqueas 7:16):

Capítulo 4
: 4, 4 : 4. Bienaventurado el que dice al mundo, Dios
no lo quiera, que esta es una mujer recién nacida que
no tropieza en su voz:

Capítulo 5:
5 Y las naciones del mundo volverán arrepentidas.
Quiero hacer esto pero he protegido tu honor de
inmediato. Está loco contigo Corinne, ahora verás su
luz que caminaba alrededor de él que se dijo (Salmos
3: 3) y alrededor de él estaba muy hipotetizado y todo
en lo que creía no se borra del número de la vida dicho
(Daniel 12: 1) y en ese momento huirá contigo:

Capítulo A Letra A

en el último año Yasurin Kashin y muchos decretos y la servidumbre pesada y mucha escoria y el mundo cambia y el sabor de todo dio y fue caro y no hay paz (Zacarías 8:10)

Dale **una letra B y** B y cuando el Mesías asciende de la casa de lo prohibido, trata con las naciones del mundo para cada pueblo y le dice por qué quieres desarraigar setenta naciones de una sola nación, todos los males en nuestro pueblo tienen ladrones. En nuestro pueblo los ladrones tienen en tu pueblo derramamiento de sangre Hay personas en nuestra nación que son incesto Hay en tu pueblo:

Capítulo 3:

3 En ese momento él está en silencio y no tiene respuesta para el Mesías e incluso Miguel el Grande está en silencio y no tiene ninguna respuesta que se dijo (Job 17). No tienes nada en ti Korin Shema Shacharit Shacharit como mi hijo en el Al mismo tiempo dice (Isaías Naz 12) Yo diré que tu justicia no suceden tus obras, sino esas obras:

Capítulo 4:

4 ¿Quién ha oído algo así ?, ¿Quién ha visto algo así, etc.?

El capítulo

5 es una cosa diferente porque Israel dice que en esa generación un mundo es posible según su costumbre y hay redención este año y no saben que vendrá de repente:

Capítulo 17

: **1** : **1** Una cosa diferente, porque he aquí, viene el día en que el Mesías se convertirá de las naciones del mundo, y no estará con el pueblo de Israel; un final y todas sus alas que se dicen (Ezequiel 6: 6) Un final y todas sus alas, etc. Y él fue con ellos sobre Israel, que se dice (ibid. C) para ser cortado de su moral.

Capítulo 17: 2

Aquí hay un día que viene a DiosEl mismo día que Gog y Magog llegaron a Israel, la tierra y el cielo fueron desarraigados y hubo un gran ruido en la tierra de Israel y subieron para capturar Jerusalén. Isaac y Jacob Moisés y Aarón a su izquierda ocho príncipes de Adán Saúl y Samuel Amós y Sofonías y Elías y los reyes de justicia Vichy y Ezequías En ese momento las mentes de los ángeles ministradores ante el Santo El siervo ante el Santo Bendito es el Señor del mundo ¿de dónde vienes? Y no me necesitabas, pero sus mentes no se enfriaron, les dije que esperaran un poco.Guy Hari que vendrán Guy Harim y Joe:

Capítulo 7

: **3:** 3 Y desde que Gog y Magog vinieron sobre Israel el Santo, Bendito el que sale en toda clase de calamidades para pelear con él y los ángeles del siervo que dijo (Ezequiel 22:22) salieron y Fui juzgado con él en el asunto y en la sangre. Habrá la plaga y G. y no hay necesidad de que Israel corte árboles excepto de sus provisiones y de sus vasijas y después de que Gog y Magog Israel se sentaron seguro que era dijo (ibid. 11) y se sentó en él y ya no se dirá un boicot (Isaías 7: 7) Salvador de Israel:

Capítulo 8:

1 : 1 Así dice el SEÑOR, el Salvador de Israel, el

Santo, contra quien dijo Isaías: Suma la virgen de Israel (Amós 5: 2) y quien levantará un Mesías que vestirá a todos sus enemigos. con vergüenza y deshonra y mientras las naciones del mundo se postrarán y se postrarán ante él que se dice (Isaías 7: 7) Los reyes verán y se levantarán:

Capítulo 28: 2 y

debes enseñar a Cristo cuando se revela como carne y sangre que descubre o como un ángel que descubre ha sido explícitamente declarado por Daniel Varou con nubes Shamia ya hombre eres él (Daniel 7:13) enseña que se le ha dado quinientas ruedas ligeras y con él los animales sagrados, serafines y coles. Y como las naciones del mundo lo vieron en ese momento, se decían unas a otras: "Quizás de esto se trata el Mesías". Y él les dice: " Yo soy el Mesías. "El alfarero y sus enemigos ala estos son los reyes rojos de la condenación de que el futuro del Bendito es devolver su recompensa en su cabeza que se dice (Deuteronomio Lev Ma) Devolveré la venganza a los afligidos y el odiado lo pagaré:

Capítulo 8:

3 : 3 El que se sienta en los cielos jugará (Salmos 2: 4) ¿Qué es el Mesías acerca de los engaños que el Mesías hará a las naciones del mundo? Vanidosos y Rick tocará todos esos años regresando a Cristo y diciendo que su lujuria no está realmente en ellos diciéndoles que no tengan miedo que no tienen una deidad más dura que estas y que están calientes y blancos inmediatamente ve a ellos en caliente y blanca y ruina ellos capa de pino dijo (Isaías 26:22) Y el blanco y la afeitadora blanca cavaron y regresaron al Mesías y le dijeron pino caliente y blanco apagado que se dijo (Salmos mo y) los mo gentiles meto reinos:

Capítulo LH D

D Díganse inmediatamente el uno al otro ahora qué reglamento hemos venido y sacrificamos una espina al Mesías, tal vez él nos quiera de inmediato del que trae una espina y no lo tiene dicho (Ibid. HaKadosh Baruch recibe un soborno y no paga a los que reciben soborno por lo que violaste un mandamiento y recibiste soborno:

Capitulo

27: 5 Le dicen ahora que reglamento tenemos. Diles que hay reglamento y el infierno. Que le dicen ellos? Yo en la mision discuto contigo les digo en la medida que le hiciste a mi hijo asi que lo hago para usted al mismo tiempo lo llama un ministro del infierno le dice que Efraín el Mesías es lo suficientemente justo como para hablar con ellos Haaretz et al.:

Capítulo veintiuno Letra A y

cuarenta años antes de que el Mesías hijo de David llamado Menachem hijo de Amiel viniera Nehemías hijo de Hoshiel un hombre a Efraín hijo de José y se parará en Jerusalén y todo Israel se reunirá allí donde un hombre y su casa estarán Reunirá y sacrificará a los hijos de Israel. Hoshiel ascenderá a las confesiones del rey de Persia y apuñalará a Nehemías hijo de Hoshiel en Jerusalén y lo llorará todo Israel con un gran elogio y llanto y luego vendrá la esposa de Natán, el profeta hijo de David. a ella y estas señales vienen en un nuevo padre a las seis de Jerusalén para llenarse de luto Nehemías uno y cuarenta días su cadáver será arrojado a las puertas de Jerusalén y el hombre y las bestias y las bestias y las aves no podrán tocarlo y después cuarenta días su santo sepulcro Bendito sea en los sepulcros de Beit Yehuda:

Capítulo I Carta II

y I Zorobabel Continué preguntando a Matatron y Miguel el Ministro del Señor acerca de una alianza con los santos y me dijo que este becerro allí yacerá y desposará sus secciones (Isaías 27:10) ¿Hasta cuándo terminará el milagro? (Daniel 12: 6) y él se aferrará a mí y tomará mi mano y me llevará a la casa de invierno y virani allí una piedra que tiene un rostro como el espejo virgen que nadie conocía y muy hermoso y le dijo a Zorobabel qué hacer. ves y le dices que veo a un fotógrafo de mármol El hombre que me habla y dice que este fotógrafo es la esposa de Belial era y mientras Belial conocía al fotógrafo y Tahar y Teld lo era Armilus y él será el jefe de todos los trabajos extranjeros y será Serán todos cortados de un lado porque la mitad de la piedra y la mitad del Belial y la mitad del aceite de piedra se sellarán como un espejo de piedra:

Capítulo 9:

3 y esto estaba en las profecías de Dios a Zorobabel y me entristecerá mucho y yo iré e iré a la cabeza del agua y un tiempo allí para Dios Dios de Israel y él es Dios toda carne. y enviaré su ángel y más oración en mi boca y juicio no paré 'Y el avestruz me dijo: "Pregúntame primero, me alejaré de tu pueblo y volveré a preguntarle por el Mesías del Señor". Quien preguntará:

Capítulo 9:

4: 4 Y él dijo: Te ruego que te acerques, y te hablaré la palabra de Dios.

Capítulo 2:

1 : 1 Y los ancianos verán que es repugnante y vestido, y lo despreciarán cuando haya despreciado a

los ancianos; los hijos de Israel que Nehemías con él y creerán en Menachem ben Amiel una cosa de Tatron y Miguel, el ministro del Señor Dios, verdaderamente Efraín no envidiará a Judá (Isaías 11:13) y habrá consejo de paz entre ellos (Zacarías y 13) y el veintisiete del primer mes las espadas de Jerusalén ':

Capítulo 2:
2 Y salió del ejército Manahem, hijo de Amiel, y fue a Nehemías, hijo de Hushiel, y a Elías el profeta, hijo de Eleazar, hijo del sacerdote Aarón, y se detuvieron juntos sobre el gran mar, e hicieron los cadáveres de sus enemigos. Y en el segundo mes mencionado se levantará una tribu de hielo que ha asolado la tierra y se los ha tragado y en este asunto fue respondida y había una clave de nombres como uno y un intérprete en su nombre había sello coronado nombre:

Capítulo 3
: 3 CR Ismael dijo que esto es lo que dijo R. Akiva porque R. Eliezer el Grande, que se destila en el secreto de la Torá, lavará su ropa y se vestirá y subirá. la habitación o aliá Una noche para comer pan limpio y beber agua y no probar todo tipo de verduras:

Capítulo M Letra D
D. Y este Ministro de la Torá prescribirá en oración tres veces al día y después de la oración lo rezará de principio a fin y luego se sentará y dormirá esos tres días de ayuno desde la mañana hasta la tarde y sin dormir y cada hora que termine. se pondrá de pie y jurará por los ángeles En el sello de cada uno de ellos y estos son sus nombres Shakdhuzia'i H. Ministro Nehbradialu'u H. Ministro Avirghuridi'i H. Ministro Yesh dice Ghudidia'u H. Ministro Plitriya H . Ministro Harmon y Hubadia H. Ministro Azbohada'i H. El

Ministro de Tutrosia'i, el Ministro de Ashervili'i, el Ministro, el Ministro de Zvodiel, el Ministro, el Ministro de Margaziel, el Ministro y el Ministro, Y en nombre de Sarbiel, que es uno de los ministros del carro, y en nombre de Dariel, que es llamado al heroísmo seis horas al día, que es un ministro amado, y en nombre de Chesedia ".A un ministro amado y volverá y jurará a los últimos cuatro ministros con un gran sello y una corona terrible llamada Azbuga, que es un gran sello y en el nombre de Zortek, que es una corona terrible y un nombre santo salió a cada Torá que pide. por la Biblia Los antiguos que dieron y dejaron que las generaciones la usen humildemente y quien merezca ser respondido por ellos dijo R. Ismael esto fue hecho por R. Eliezer y fue respondido y no creyó y fue hecho por R. Akiva y no Creí y fue hecho por y no creí hasta que traje un trono a uno y me compararon como yo y derribé a R. Akiva fue presionado a Israel por un tribunal de justicia y se retrasó hasta que lo hicieron muchos que no sucedieron. y no cambiaron y fueron comparados con ellos y se convirtieron en estudiantes sabios en él para sostener el testimonio y la corte del presidente para decir incluso este R. Eliezer y los sabios no sea que las generaciones de Eretz Yisrael pasen por nosotros y no creyeran hasta que To Ismael, R Ismael dijo una pregunta.Nachoniah ben HaKana Rabino Tzurak Dacha Ginat Arach Nazir Shortin Este es un gran sello en el que se sellaron los cielos y la tierra de Azboga.

Capítulo M Letra E.

Cuando tenía doce días de edad, fue a todas las escuelas de Torá para pedir la Biblia o la Mishná o para vigilar el carro. Que un ministro de la Torá ora porque está de pie, dirá: "Te jactarás, te levantarás, te levantarás, etc. "Y todos los que estorban al sabio en tu nombre en el ritmo de alguna puerta son empujados y los empuja con entusiasmo que se dice santo santo santo señor de los ejércitos y así sucesivamente y esta aceptación jurará los últimos ministros Un juramento y este es el sello de Zortak Dr. A.A.N. Yududi'a y esta es una corona terrible Azboga Avzadhu Zo'a y Zi'a Zo'a Tzia y antes de que él escriba un gran sello, reza para que su oración a la verdad sea santificada para siempre y para siempre creada con sabiduría la tierra de su Fundación:

Libro completo